সহজ চিত্রশিক্ষা

সহজ চিত্রশিক্ষা

অবনীন্দ্রনাথ ঠাকুর

হা ও য়া ক ল

কলকাতা | শান্তিনিকেতন
নিউ দিল্লি | ফ্লোরিডা

স্থাপিত ২০০৮

হাওয়াকল

কলকাতা | শান্তিনিকেতন | নিউ দিল্লি | ফ্লোরিডা

Sahaj Chitra Shiksha
A Handbook of Drawing
by Abanindranath Tagore

প্রথম হাওয়াকল সংস্করণ এপ্রিল ২০২৬

প্রচ্ছদ রোচিষ্ণু সান্যাল
নামাঙ্কন তমোঘ্ন মুখোপাধ্যায়

হাওয়াকল পাবলিশার্স-এর পক্ষে
৭০-বি/৯ অমৃতপুরি, ইস্ট অফ কৈলাস, নিউ দিল্লি ৬৫
৩৩/১/২ কে বি সরণী, দমদম, কলকাতা ৮০
থেকে প্রকাশিত
এবং থমসন প্রেস, নিউ দিল্লি থেকে মুদ্রিত

info@hawakal.com
Contact: 8420758224

INR 150.00/- | USD 9.99

ISBN: 978-93-49541-68-9 (Paperback)

www.hawakal.com

‘সহজ চিত্রশিক্ষা’র চিত্রাবলী আচার্য অবনীন্দ্রনাথের পরিকল্পনা-অনুসারে শিল্পী নন্দলাল বসু-কর্তৃক অঙ্কিত

সূচিপত্র

প্রকাশকের নিবেদন

অবন ঠাকুরের "সহজ চিত্রশিক্ষা" পড়তে পড়তে স্যার অ্যালবার্ট আইনস্টাইনের সেই বিখ্যাত উক্তি মনে পড়ে — "Curiosity has its own reason for existence..." 'কী আঁকছি'-র থেকেও অধিক গুরুত্বপূর্ণ 'কী দেখছি', 'কীভাবে দেখছি' আর, 'কী ভাবছি'। দৃষ্টি ও ভাবনার সমান্তরালে চলে চর্চা। অবন ঠাকুরের কথায়, "কোন্ রঙের পাশে কোন্ রঙ মানায় বুঝতে হয়, রঙ করে করে শিখতে হয়; বই পড়ে শেখা হয় না।" এই নিমগ্ন চর্চার প্রাথমিক তথা উচ্চতর পাঠে এই বই সহায়ক হবে বলে আমাদের বিশ্বাস। কারণ, চিত্রাঙ্কন কোনো ম্যাজিক নয় — "ধুলো-মুঠোকে সোনা-মুঠো করে দেওয়ার চেয়ে এ অতি আশ্চর্য ব্যাপার।"

হাওয়াকল
নিউ দিল্লি
এপ্রিল ২০২৬

প্রথম প্রকরণ

টান-টোনের রহস্য

সেকরা যেমন এক তিল সোনাকে টেনে সরু কিম্বা মোটা, সোজা কিম্বা বাঁকা তার বানিয়ে নেয়, চিত্রকরও তেমনি একবিন্দু কালি কিম্বা রঙকে টেনে সোজা-বাঁকা সরু-মোটা রেখা লিখে চলে, যেমন দেখো—

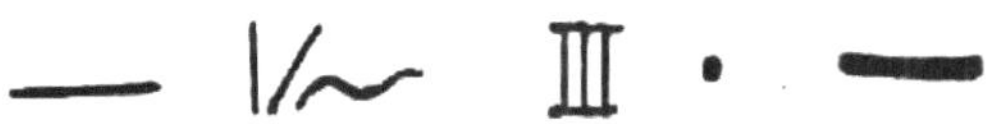

ছোটো বিন্দু দিলে সরু রেখা, বড়ো বিন্দু দিলে মোটা রেখা। তেমনি সরু তুলি দেয় সরু টান, মোটা তুলি দেয় মোটা টান। ভোঁতা কলম দিয়ে হচের মতো টান দেওয়া অসম্ভব, এইজন্যে চিত্রকরকে সরু-মোটা

গোল-চেপ্টা নানা-রকম তুলি বা কলম হাতের কাছে রাখতে হয়। যথা, সরু তুলি, মোটা তুলি, গোল তুলি, চেপ্টা তুলি ইত্যাদি—

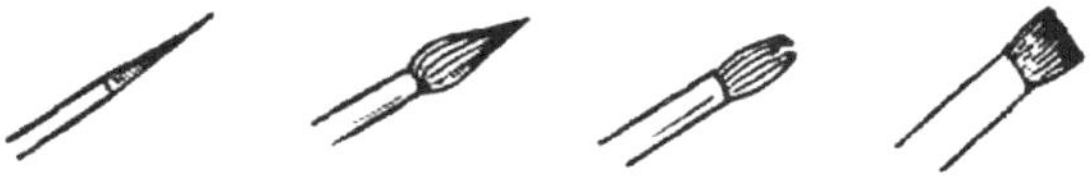

এক তিল কিম্বা এক তাল সোনাকে, অথবা সরু বা মোটা, বাঁকা বা সোজা গোনার তারকে পিটিয়ে যেমন হয় সোনার পাত, তেমনি চিত্রকর রঙের বিন্দু রঙের টানকে রঙের পোঁচ তুলির মার-প্যাঁচ দিয়ে টোন করে ছাড়ছে দেখো—

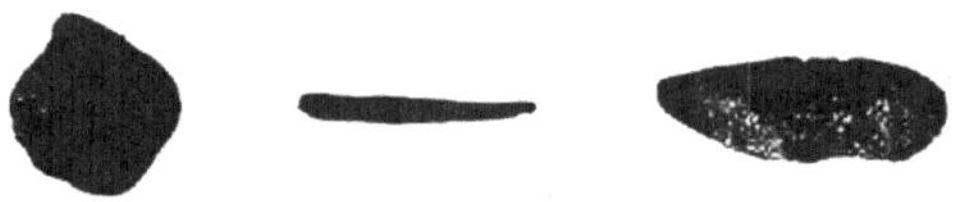

বর্ণ বা টোন রেখা বা টান বর্ণ বা টোন

এখানে বিন্দু যে হয়ে উঠেছে বর্ণ বা টোন; টান বা রেখা সে হয়ে উঠেছে টোন— গাঢ়, ফিকে, আধ-গাঢ় আধ-ফিকে নানারকম দেখো—

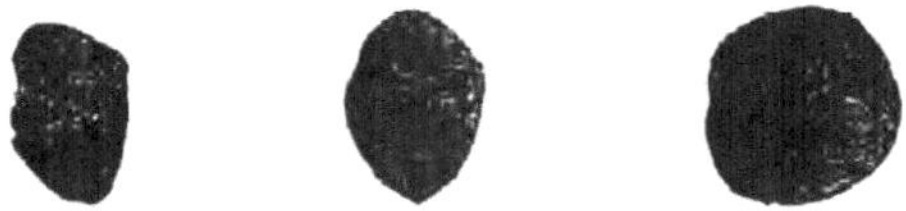

গাঢ় ফিকে আধ-গাঢ়/আধ-ফিকে

টোনের যেমন নানা অবস্থা, নানা নাম, তেমনি টানেরও নানা অবস্থা, নানা নাম, যেমন— গাঢ় টোন, ফিকে টোন, আধা-গাঢ় আধা-ফিকে টোন। টানের রকমই বা কত তার ঠিক নেই— সোজা টান, হেলানো টান, বাঁকা টান, সাপ-খেলানো টান টেনে চলে চিত্রকর।

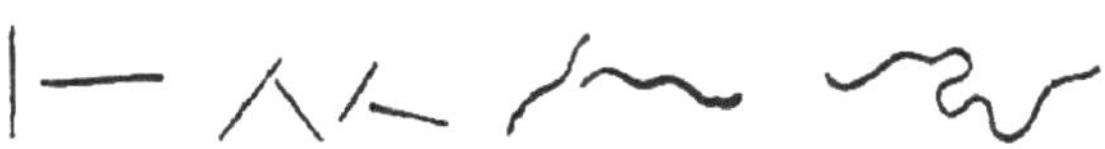

সোজা হেলানো বাঁকা সাপ-খেলানো টান

দপ্তরি শুধু রুল ধ'রে সোজা সোজা টানই টানতে জানে খাতায়, চিত্রকরের মতো নানা টান নানা টোনের সন্ধান জানে না। তাই ভালো লাইন টানতে পারলেও দপ্তরি ছবি আঁকাতে একেবারেই অপারগ থেকে যায়। কিন্তু, যেমন-তেমন করে টান-টোন দিয়েও ছবি হয় না, সে

হয় আঁচোড়-পাঁচোড়, ছোপ-ছাপ, পোঁছ-পাঁছ, ফুটকি-ফাটকা, যথা—

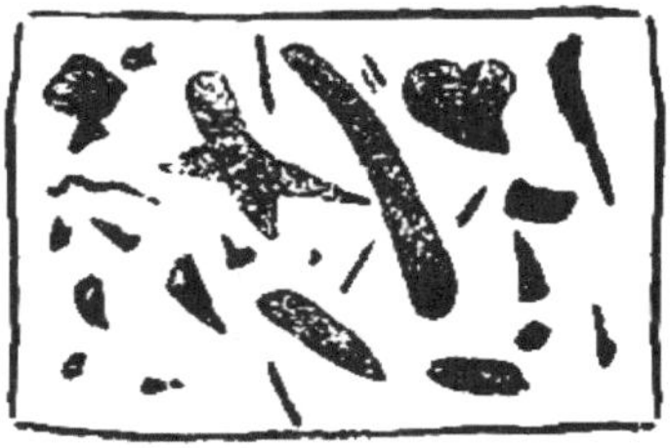

ছবিতে আকার-প্রকার, মান-পরিমাণ, ভাব-ভঙ্গি, রূপ-লাবণ্য, দৃশ্য-সাদৃশ্য, রঙচঙ এমনি সব নানা ব্যাপার আছে; তাদের রহস্য জানা চাই। তবে এই নানারকমের টান-টোনগুলো যত্ন করে বুঝে-সুঝে সাজানো হয়ে এক একখানা নকশা হয়ে ওঠে দেখো।—

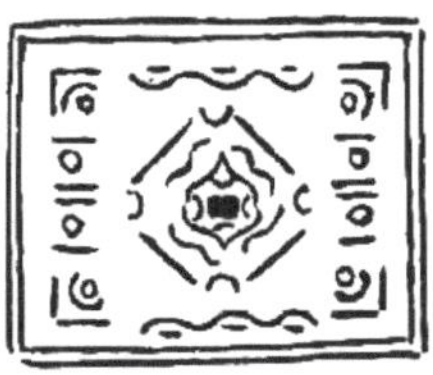

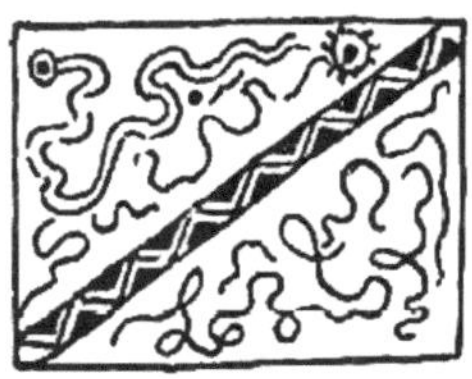

কিম্বা যেমন—

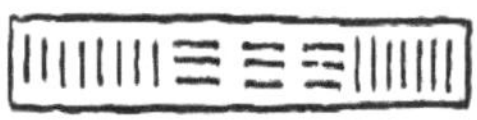

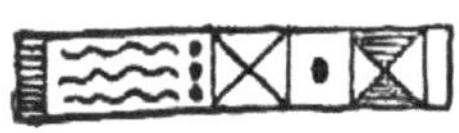

টানের আকার-প্রকার প্রধানত এই কয়রকম— আড়ি, দাঁড়ি, কষি, আঁকড়ি-কুঁকড়ি। যথা—

আড়ি 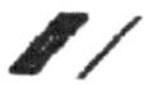 যে টান আড়ে হেলে থাকে।

দাঁড়ি  যেটা খাড়া দাঁড়িয়ে থাকে।

কষি 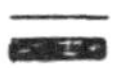 যেটা আরামে শুয়ে কষে ঘুম দেয়।

আঁকড়ি-কুঁকড়ি অর্থাৎ যেটা কেঁচোর মতো কুঁকড়ে থাকে কিম্বা সাপের মতো হয়ে ফণা তুলে থাকে।—

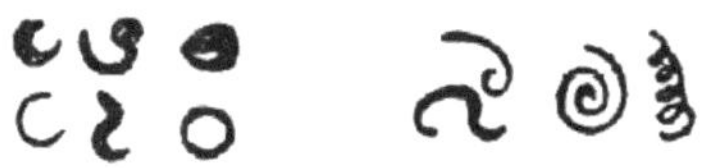

এই-সব টান সরু-মোটা হতে পারে তুলির সরু-মোটা অনুসারে; কিন্তু এদের আড়ি দাঁড়ি কষি আঁকড়ি-কুঁকড়ি ভাবটা বদলায় না। টানের মতো টোনের কোনো বাঁধা আকার নেই, প্রকার আছে মাত্র। সে যেন বহুরূপী, শুধু রঙই বদলে চলে— গাঢ়, ফিকে, না-গাঢ় না-ফিকে, আধা-গাঢ় আধা-ফিকে, লাল, নীল, সবুজ, হলদে, সাদা, কালো, কত কী তার ঠিকানা নেই।

টোন যখন টানের ঘেরের মধ্যে বাঁধা পড়ে তখন সে একটা-না-একটা আকারের ছাপ পায়। যথা—

এমনি টানের মধ্যে টোন বাঁধাই থাকে; টানকে ছাপিয়ে গেলেই টোনের আর বাঁধা আকার নেই, সে নানা দিকে ছড়িয়ে পড়ে যায় ঢালা জলের মতো।

এক আকারের টানের সঙ্গে আর-এক আকারের টানের যোগে নানা-প্রকার নকশা লেখা চলে।

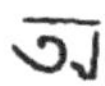 চার টান মিলে হল অ।

 তিন টান মিলে হল ব।

 দুই টান মিলে হল ণ।

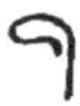 এক টানে হল ঈ।

একটা টানে মাথা। 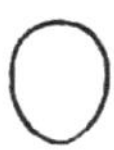

দুটা টানে পাতা। 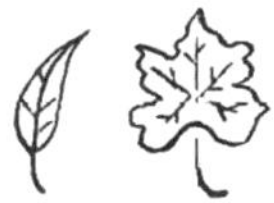

তিনটা টানে ছাতা।

আড়ি দাঁড়ি কষি আঁকড়ি-কুঁকড়ি মিলিয়ে যেমন অসংখ্য জিনিস আঁকা চলে, তেমনি শুধু আড়ি কি দাঁড়ি কি কষি কি আঁকড়ি-কুঁকড়ি দিয়েও হয়—

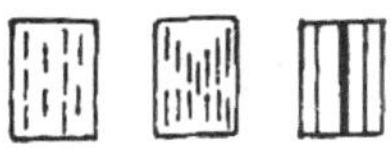

কেবল দাঁড়ির নকশা

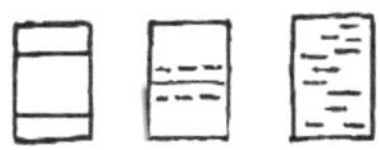

কেবল কষির নকশা

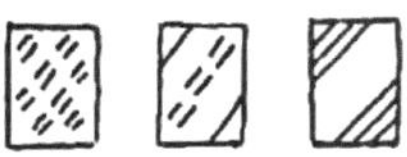

কেবল আড়ির নকশা

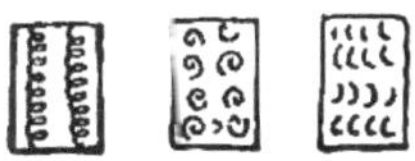

কেবল আঁকড়ি-কুঁকড়ির নকশা

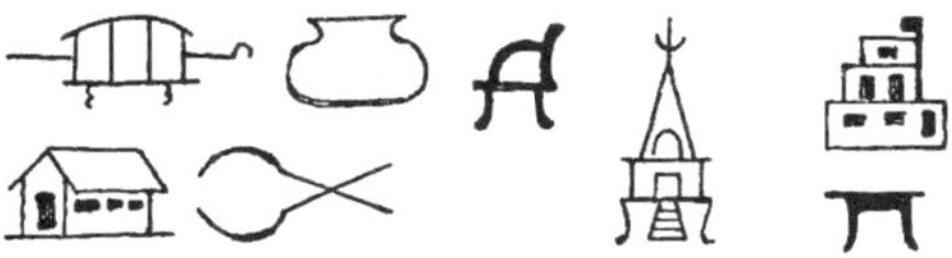

নানা টান মিলিয়ে নকশা

হাতের লেখা মাত্রেই আঁকড়ি-কুঁকড়ি নানা টান মিলিয়ে লেখা চলে। যেমন—

আ ক খ ঙ ঙ　　　　ABCG
১ ২ ৩ ৪ ৫ ৬　　　　1234

এই ভাবে নানা টান টোন মিলিয়ে কতকাল থেকে মানুষ নকশা করতে আরম্ভ করেছে, অক্ষর লিখতে আরম্ভ করেছে, তার ঠিক নেই এবং এখনো একই ভাবেই লিখছে, নকশা করছে, দেশী বিলাতি সবাই। ছবি লেখার এই হল প্রথম পাঠ— নানা টান টোন মিলিয়ে লেখা নানা রূপ, নানা আকার-প্রকার। নানা ভাবে নানা জিনিস লেখা অভ্যাস করো। টান-টোন দোরস্ত হবে যখন, টান টোনে তখন—

শুধু টান দিয়ে লেখো পাতা।

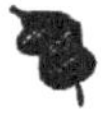

শুধু টোন দিয়ে লেখো পাতা।

টান-টোন দুই মিলিয়ে লিখে চলো পাতার পরে পাতা।

ইতি প্রথম প্রকরণ

দ্বিতীয় প্রকরণ

আকৃতির ছাঁদ ও বাঁধ

টান-টোন এদের মিলিয়ে নানা ছাঁদের আকৃতি যে-সব পাওয়া গেল তার হিসেব নিলে দেখা যায়, প্রধানত দুটি ছাঁদ সব আকৃতির মধ্যে রয়েছে। সে দুটি হচ্ছে একটি সকোণ, আর-একটি নিষ্কোণ। যেমন—

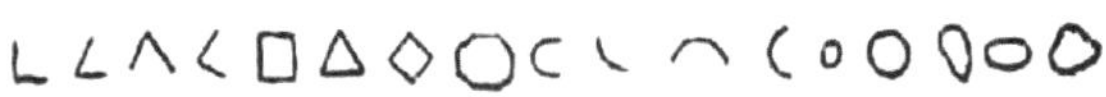

সকোণ নিষ্কোণ

সকোণ ছাঁদে আড়ি দাঁড়ি কষির আড়ি-ভাব ভাঙা-ভাঙি খেলা দেখো—

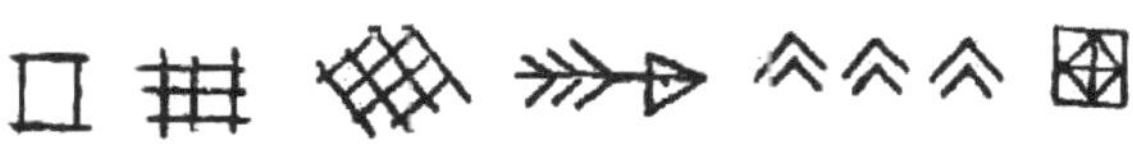

আর নিষ্কোণ ছাঁদে হেলা-দোলা ঘুরপাক দিয়ে খেলা দেখো—

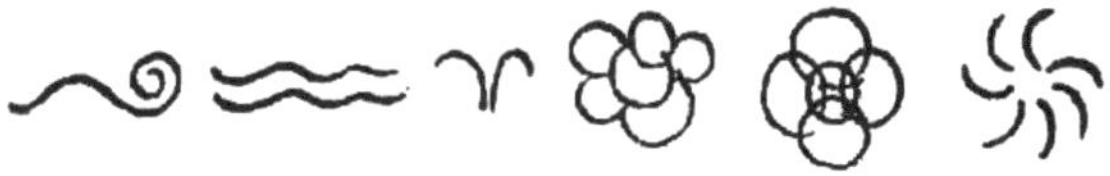

এই সকোণ নিষ্কোণ মিলে ধরছে দেখো আবার নানা আকার—

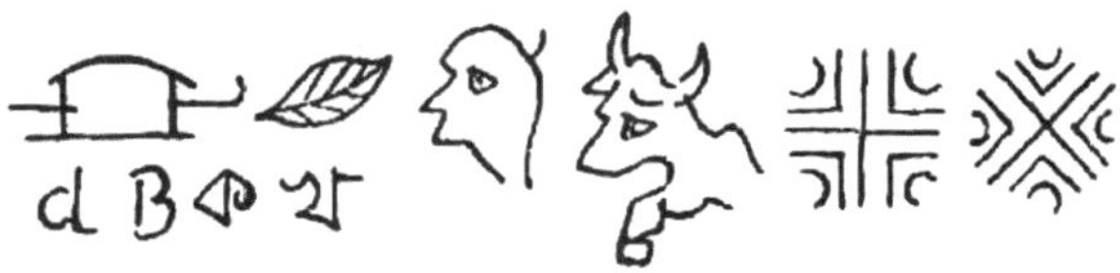

কিন্তু, এই যে নানা সকোণ নিষ্কোণ ছাদ সমস্ত মিলে নানা আকার ধরে শোভা পাচ্ছে, এরা যেমন-তেমন করে তো মিলছে না, ছাঁদ ও বাঁধা নিয়ম ধরে মিলছে দেখছি। ছাঁদে বাঁধার নিয়ম বা লেখার ছন্দোবন্ধ, এ না হলে লেখার ছিরি থাকে না। যেমন—

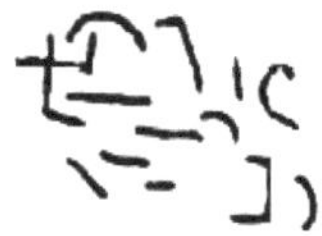

এতে ছিরিছাঁদ নেই, কিন্তু নিয়ম-মাফিক এদের সাজালে ছিরি ফিরে যাচ্ছে দেখো—

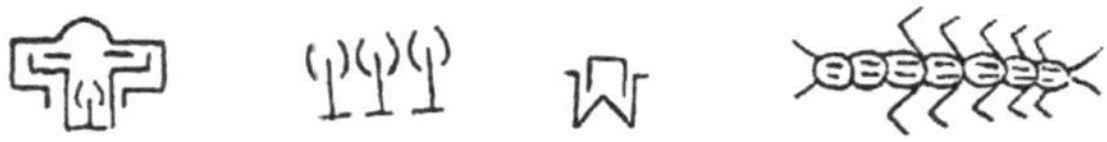

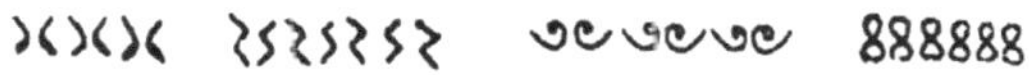

এই ছাঁদ-বাঁধের নিয়মের নাম দিতে পারো ‘এক-দুই-তিনের নিয়ম’ কিম্বা ‘সমান-অসমান-বেসমানের নিয়ম’। একটির পর যখন ঠিক তেমনিটি রাখলে তখন সমানের নিয়ম মানলেম। যেমন একের পর এক, তার পর এক, এইত চলল ১১১১১১ কিম্বা দাঁড়ির পর দাঁড়ি তার পর দাঁড়ি । । । । । । কিম্বা আড়ির পর আড়ি ////// বা কষির পর কষি ≡ ≡ ≡ ≡। এ হল এক একঘেয়ে নকশার নিয়ম। কিন্তু দাঁড়ির পর কষি, তার পর দাঁড়ি, এ দোটানা নকশা, একটানার মতো একঘেয়ে নয়—

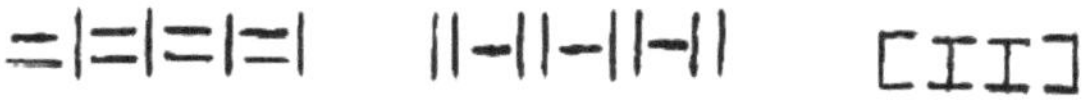

তিনটানা নকশা এর চেয়েও বিচিত্র— 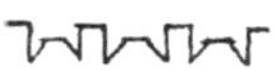

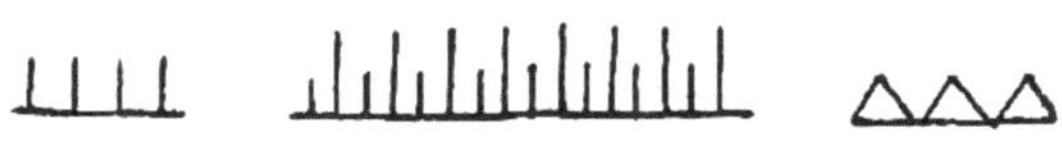

সমান অসমান বেসমান

সমান

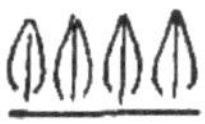

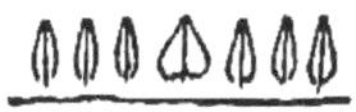

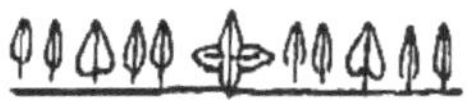

সমান অসমান বেসমান

এইভাবে সমানে সমানে মিলে নকশা একটানা অবিচিত্র, সমানে অসমানে মিলে দোটানা বিচিত্র, আর সমানে অসমানে বেসমানে মিলে তিনটানা অতি-বিচিত্র হয়ে উঠছে দেখি। কিন্তু, এই যে এক দুই তিন, সমান অসমান বেসমান, এরা নিয়মমত না দাঁড়ালে বিশ্রী হয় দেখো—

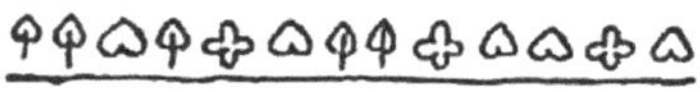

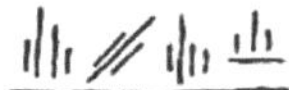

এ তো সুন্দর হল না, খিচুড়ি হয়ে গেল। এই যে এক দুই তিন— এরা যখন গলাগলি এতবার, লড়ালড়ি এতবার, এই নিয়ম ধ'রে চলল তখনি সুন্দর নকশা হল দেখছি।

১ ২ ৩ পাশাপাশি দাঁড়ালো কিন্তু নকশা হল না, সংখ্যাই

রইলো। এ হল অঙ্ক, অঙ্কন হল তখনি যখন ১ ২ ৩ গলাগলি কিম্বা লড়ালড়ির নিয়মে খেলা শুরু করলে—

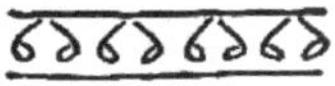
একের খেলা

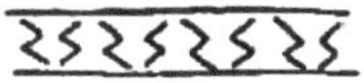
দুয়ের খেলা

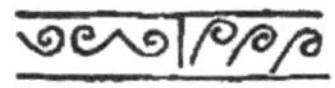
তিনের খেলা

এক দুই তিন মিলে খেলা

এই ভাবে খেলার নিয়ম হল দুরকম। একলা একলা খেলা তো চলে না। তাই প্রথম নিয়ম হল একে আর-একে খেলা। যেমন—

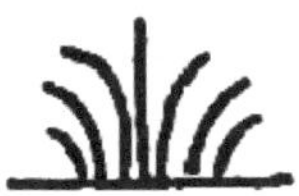
একে আর-একে

দ্বিতীয় নিয়ম হল একে অনেকে—

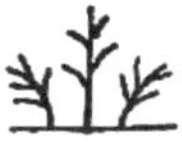
একে অনেকে

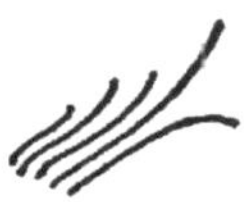
রকম রকমে

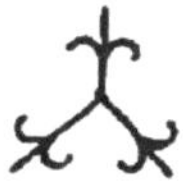
একরকম তিনে

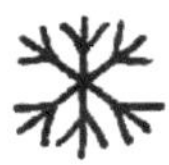
একরকম অনেকে

এবং একা একা খেলাও হয় কিন্তু একঘেয়ে হয়ে পড়ে।—

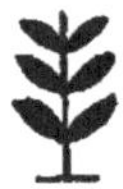
এক হল দুই

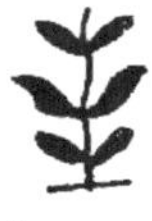
দুই হল এক

অনেকে হল এক

তবেই খেলা রীতিমত চলল সুন্দর ছাঁদে, বিচিত্র ছাদে।

এই ছাঁদ-বাঁধের খেলা নানাপ্রকার হয় এবং সেই খেলার প্রকার-অনুসারে নানারকম আকার দেখা যায়।

প্রথম। শ্রেণী, সারি বা হার অথবা পাড়ের খেলা। যেমন—

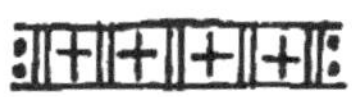
শ্রেণীবাঁধা

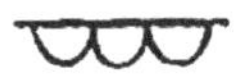
হার

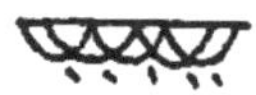
হার

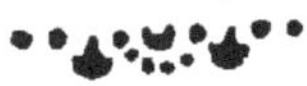
কিনারায়

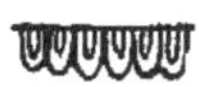
কিনারায়

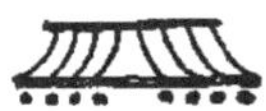
খেলা

দ্বিতীয়। ঝাঁক বা চক্র বাঁধা। যথা—

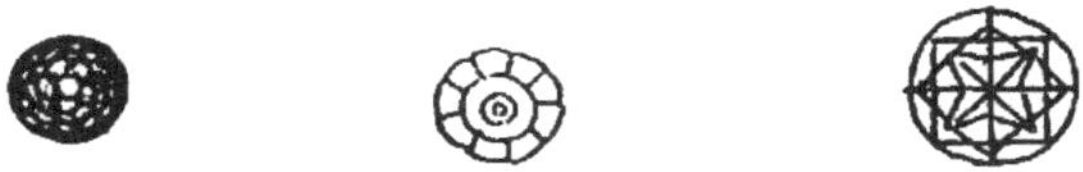

তৃতীয়। গোছা বা গুচ্ছ বাঁধা। যথা—

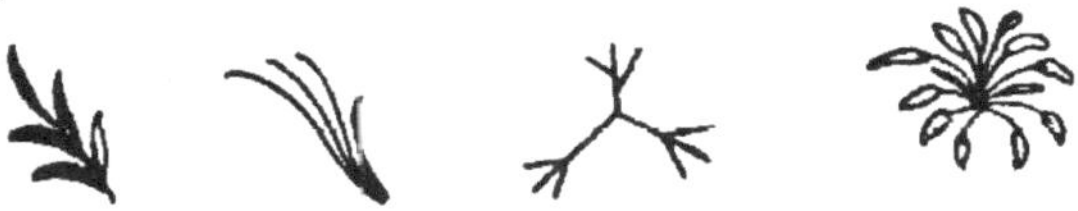

চতুর্থ। আটি বাঁধা। যথা—

পঞ্চম। গাছ বাঁধা। যথা—

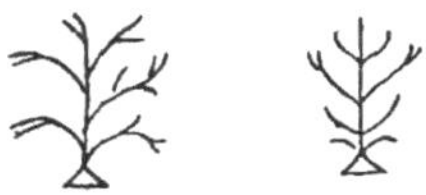

ষষ্ঠ। থাক বা ব্যূহ বঁধা। যথা—

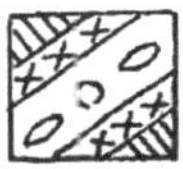

ফৌজ যখন ময়দানে কুচ করে তখন মানুষগুলো এই ভাবে নানা ছাঁদে চলাচলি করে— এক থাক, দু থাক; এক ঝাঁক, দু ঝাঁক। এমনি নানা কাণ্ড করে। তেমনি রেখা, বিন্দু, রঙ, সমস্ত চিত্রকরের হুকুমে নিয়ম ধরে।

ইতি দ্বিতীয় প্রকরণ

তৃতীয় প্রকরণ

আঁকা-জোঁকার তাল-মান

আঁকার উপায় তো খানিক শিখলে— ঘটি আঁকলে, বাটি আঁকলে। ডৌল দিতে শিখলে। কিন্তু, শুধু ডৌল তো চলে না, তিলটা যে তালের চেয়ে ছোটো, তালটা যে তিলের চেয়ে বড়ো, সেটা তো তোমাকে প্রমাণ করতে হবে ছবি দেগে। তার উপায় বলি শোনো।

টোটোর নাকটি ওর মুখে মানিয়েছে; টুনুর নাকটি কেটে ওখানে বসালে বেমানান হবে, টোটোকে দেখাবে যেন ঠুটো জগন্নাথ। কাজেই ওর নিজের মুখের চোখের মাপে যে নাকটি সেটির মাপজোপ হল ওর নিজস্ব। একেই বলি নিজস্ব প্রমাণ। এই মাপজোপের তফাত নিয়ে নানা ডৌল হয়েছে। ঘোড়ার মুখ, বানর-মুখ, ছুঁচো-মুখ এমনি কত কী। নাক সে নাকই রইল, শুধু মাপজোপের

হিসেব বাড়িয়ে কমিয়ে দেওয়া গেল ঘোড়া বানর ছুঁচোর বেলায়—

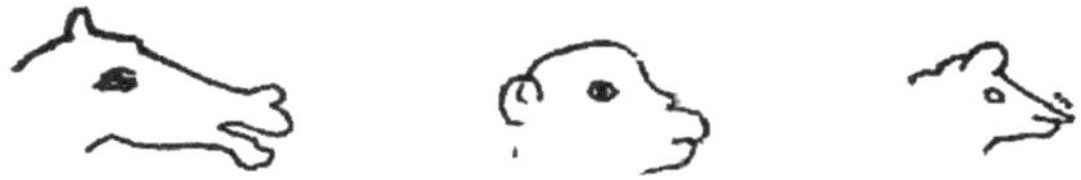

এমনি যেমন সব জিনিসের তেমনি মানুষেরও নিজস্ব প্রমাণ রয়েছে যেটি নিয়ে বানরে মানুষে তফাত। মানুষকে খালি তার দেহটি নিয়ে সামনে রেখে দেখি যখন, তখন তার নিজস্ব মান-পরিমাণ ধরা পড়ে যায়। সব মানুষই তার নিজের হাতের সাড়ে তিন হাত দীর্ঘ এবং তার নিজের মুখখান তার নিজের হাতে এক বিঘৎ-পরিমাণ। ছেলের মাথা ছেলের এক বিঘতের বেশি। এমনি সব সোজাসুজি মান-পরিমাণ হল মানুষের নিজস্ব প্রমাণ। শোভনলাল তার নাক মুখ চোখের নিজস্ব প্রমাণ নিয়ে তবে হল শোভনলাল, মোহনলাল নয়। বানর তার নিজস্ব মাপজোপ নিয়ে হল বানর— নর নয়, ঘোড়া নয়, গাধা নয়।

একা-একা যখন, তখন সবাই এরা নিজস্ব মান-পরিমাণ নিয়ে দেখা দিচ্ছে— এ ওর চেয়ে বড়ো কি ছোটো বোঝাই যাচ্ছে না। যথা—

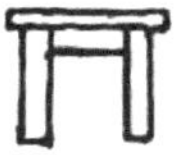

টেবিল

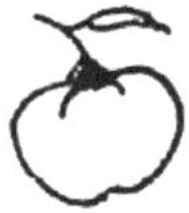

আপেল

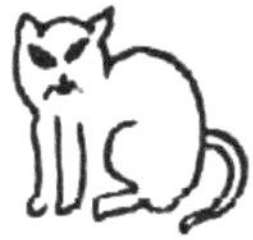

বেড়াল

কিন্তু, টেবিলের উপর আপেল রাখতেই ছোটো বড়োর কথা উঠল, সঙ্গে সঙ্গে পরস্ব প্রমাণ দেখা দিলে। যথা—

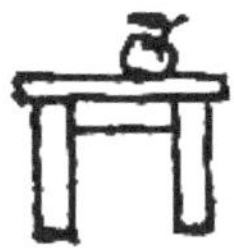

যেমনি একের পাশে আর-এক এসে দাঁড়ালো বা মিলল তখনি পরস্ব প্রমাণের কথা উঠল। তালগাছের পাশে মানুষ দাঁড়িয়েছে দেখি যেন ফড়িং। কুকুরের পাশে মানুষ দাঁড়িয়েছে দেখি যেন মস্ত লোক—

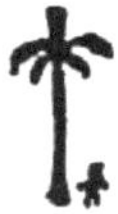

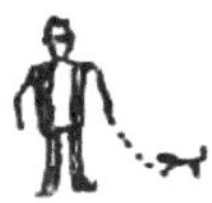

যেটা হাতে করে নাড়াচাড়া করা যায় তার মাপজোপ মান-পরিমাণ গজকাটি কম্পাস দিয়ে মেপে নেওয়া চলে। কিন্তু, পাহাড়, গাছ, মাঠ, আকাশ এ-সবের মাপ

ছবিতে তো ও ভাবে মেপে ধরা যায় না; চোখের আন্দাজে এবং পরস্ব প্রমাণ দিয়ে তাদের ছোটো-বড়ো ধরা যায়। যথা—

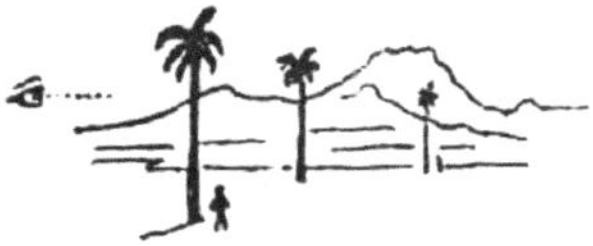
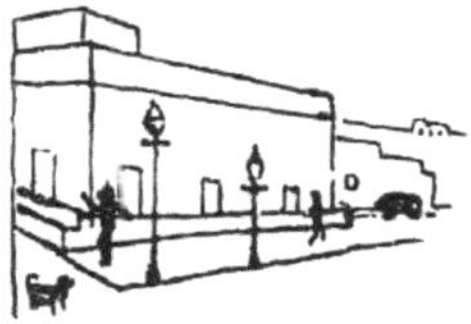

দূর এবং নিকট এরই বশে ছোটো-বড়ো দেখাচ্ছে; এটার সঙ্গে ওটা মিলিয়ে ছোটো-বড়ো দেখাচ্ছে। এখানে কাছে রয়েছে যে গাছ সে পাহাড়ের চেয়ে উঁচু দেখালো। আসলে কিন্তু পাহাড় উঁচু, চোখের কাছে আছে ব'লেই তালগাছ বড়ো দেখালে।। সেই তালগাছই আবার ক্রমে যতই চোখের কাছ থেকে দূরে যেতে থাকল ততই পাহাড়ের চেয়ে ছোটো হতে থাকল। কাছের মানুষ দেখালো বড়ো, দূরের মানুষের চেয়ে।

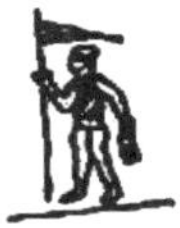

গ্যাস-বাতি খুব লম্বা, তার পাশে তারই আধা-আধি পরিমাণ মানুষ আঁকা ভুল হল; মানুষটা ছোটো হওয়া

উচিত, তবেই মানাবে। আবার নিশেন ধরে ঐ একই খাপের মানুষ, এটা বেমানান হল না; কেননা নিশেন লম্বাও হয়, খাটোও হয়।

এই হল আঁকা-জোঁকার সহজ হিসেব। জোঁকা দেবার ভুল হলে, মান-পরিমাণের ভুল হলে, জিনিসটা মানানসই হয় না, বেডৌল বেঢপ হয়। বর বড়ো না কনে বড়ো, সেটা জোঁকা দিয়ে মিলিয়ে নেয় মেয়েরা বিয়ের দিনে। দেখেছ তো?

ইতি তৃতীয় প্রকরণ

চতুর্থ প্রকরণ

চিত্রে ভাবভঙ্গি

কাক বোঝাতে দুটো অক্ষর কা ক— এ হল পড়ার কাক; আসল কাক নয়, ছবির কাকও নয়। কা এবং ক দেখলেই কাক বুঝতে হবে, পণ্ডিতের হুকুম হল; তাই ওটা হল কাক। পণ্ডিত যদি বলতেন 'ব ক দেখলেই বুঝতে হবে কাক' তবে তাই বুঝত যারা বাংলা পড়ে তারাই। কিন্তু একজন ইংরেজ, যে বাংলা শেখে নি তাকে দেখাও কা ক এই অক্ষর দুটো, সে কিছুতেই বুঝবে না ওটা কাক-পক্ষী বা আর কী। ঐ ইংরেজটার কাছে যদি ঠিক কাকের ডাক ডেকে দিই তবে সে বুঝবে কাক। কিম্বা যদি কাকের ছবি দেগে তাকে দেখাই তো আরো সহজে বুঝবে—

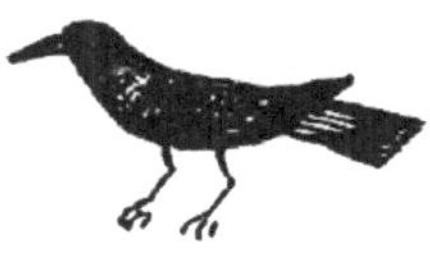

আগে মানুষ ছবি লিখে মনের ভাব জানাতো, মনের কথা জানাতো। তার পর দেখলে, ছবি লিখে সব কথা বলা যায় যে তা নয়। সময় ও কাগজ অনেক লাগে, মজুরি পোষায় না তাতে করে। তাই চট্‌পট্‌ ভাব বোঝাবার জন্যে মানুষ অক্ষরের সৃষ্টি করলে কত কী টান দিয়ে—

خاک پر طالب	**會印度**	**কখগ**	**ABC**
ফার্সি	চীনে	বাংলা	ইংরেজী

অক্ষর চিনলে, তবে বুঝলে লেখার ভাব। না হলে বুঝতেই পারলে না, সেটা কাক বোঝালে না বক বোঝালে। কিন্তু চিত্রের অক্ষর, তার বেলায় ভুল হবার জো নেই।

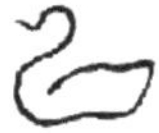

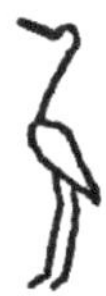

হাঁস বক আলাদা আলাদা ঢঙ দেখাচ্ছে, রঙ যদিও দুজনেরই সাদা।

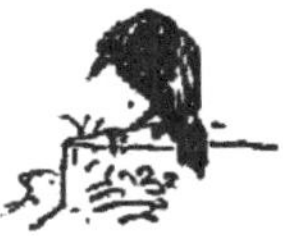

গাছে যেমন কাক তেমনি আর-একটা কালো পাখি আছে কাকের মতো কালো, কিন্তু তার ঢঙ অন্য-প্রকার। যেমন এই পাখি স্পষ্ট বললে "আমি 'কয়ে আকার ক নয়, আমি বুলবুল", তেমনি কোকিল, তাকে বোঝাতে আর-এক রকম অক্ষরে জোড়াতাড়া দেওয়া হল।

রকম-রকম অক্ষর যেমন বোঝালে রকম-রকম পাখিকে তেমনি রকম-রকম রেখা জানালে রকম-রকম জিনিস, পশু-পক্ষী, ঘটি-বাটি কত কী তার ঠিক নেই।

কাক কথাটা পাখিটাকে চিনিয়ে দিলে, কিন্তু পাখি কী করছে, কী ভাবে আছে, তা বলতে আরো কথার দরকার। যেমন, কাক উড়ছে, কাক বসেছে, কাক খাচ্ছে, কাক ঘুমোচ্ছে। এমনি ছবিতে যখনই লিখলেম কিছু তখন, সেটি কী করছে, কী ভাবে আছে, জানাতে হল; না হলে ছবি হল না।

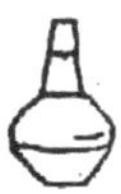

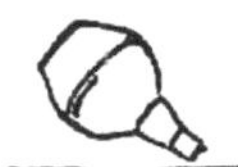

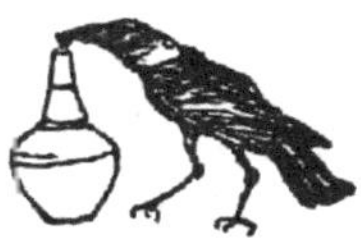

কুঁজো রয়েছে এটা এক-নম্বর চিত্রে দেখলেম। কুঁজো

উল্টে পড়েছে সেটা দু-নম্বর চিত্রে পেলেম। তিন-নম্বরে দেখলেম কুঁজোয় কাক ঢিল ফেলে দিচ্ছে।

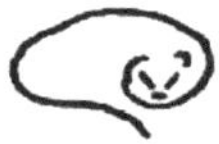
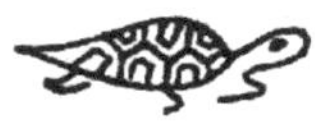

বেড়াল কিছুই ভাবছে না, কিন্তু এক ভাবে চুপটি করে ঘুমোচ্ছে। কিন্তু এই কচ্ছপটা ঘাড় তুলে দেখছে, নদী কতদূর। কিম্বা, আকাশে উড়ন্ত পাখি দেখে সে ভাবছে, “উড়তে পারি তো মজা হয়।”

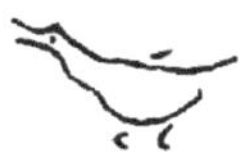
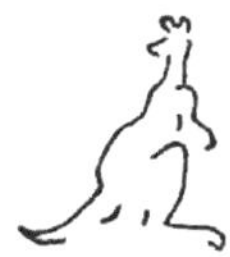

ক্যাঙ্গারুটা চলতে চলতে থমকে দাঁড়িয়ে মুখ ফিরিয়ে দেখছে, অনেক দূরে তার বাচ্ছাটা লাফাতে লাফাতে চলেছে। আর, হাঁস প্যাঁক্-প্যাঁক্ করে দৌড়েছে জল খেতে।

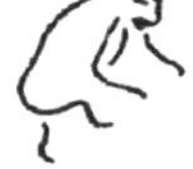
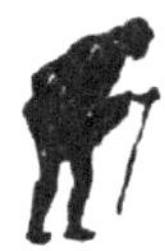

বন-মানুষ গাছে বসে দেখছে একটা বুড়ো মানুষকে। এইরকম এক-এক ভাবে এক-এক রকম ভঙ্গিতে লেখা হল ছবি দু-একটা টান-টোন দিয়ে। বীরপুরুষ নির্ভয়, সে

বুক ফুলিয়ে চলল সোজা সামনে চেয়ে; চোর কাপুরুষ এরা চলল আর-এক ভাবে, আড়ে আড়ে চাইতে চাইতে, পাশ কাটিয়ে। এমনি মনের ভাব যেমন, তার সঙ্গে অঙ্গভঙ্গিও তেমনি-তেমনি বদলে চলল। ছবিতে রেখা সমস্ত এই ভাবে নানা ভঙ্গি পেয়ে ভাব বোঝায়।

দাঁড়ি সে দাঁড়িয়ে থাকে চুপ করে, কষি সে কষে ঘুম দেয়— মানুষ চুপ ক'রে দাঁড়িয়ে, চুপ ক'রে শুয়ে আছে যেন—

দাঁড়ি দাঁড়িয়ে ছিল, এবারে হেলল দুল্ল, যেন নাচল—

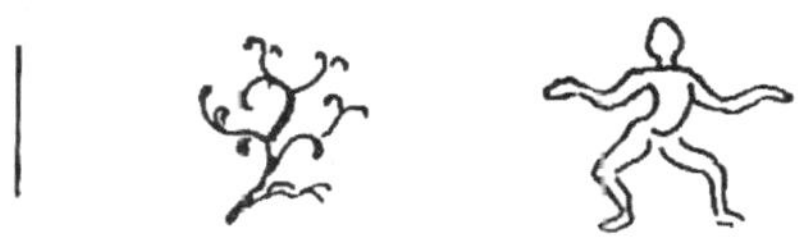

কষি ঘুমিয়ে ছিল, এবারে জাগল—

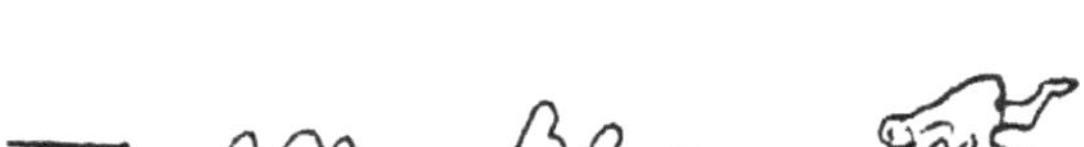

অস্থির রেখা, আর স্থির রেখা, এই দুই রেখা ভাব

বোঝাতে আছে। মেঘ আকাশের শেষে চুপ করে পড়ে আছে, সে এক ভাবের ছবি। মেঘ সব বাতাস পেয়ে অন্য ভাব পেয়েছে, এ আর-এক ছবি।

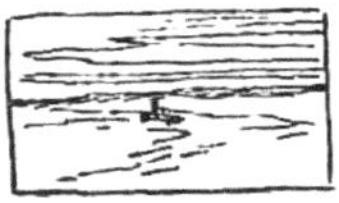

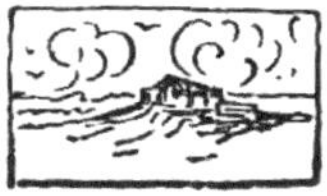

স্থির অস্থির দুই রেখার নানারকম খেলা নিয়ে ভাব ও ভঙ্গি বোঝানো গেল ছবিতে।

আমি এক ভঙ্গিমায় চলি-বলি, টুনু অন্য ভঙ্গিতে ওঠা-বসা করেন। ছেলে বুড়ো যুবো সবাই আপনার আপনার ভঙ্গিতে চলে-বলে, ওঠে-বসে। কাকের চলা বকের চলার মতো নয়। সাপের চলায় বাঘের চলায় এক নয়, যদিও দুজনে এঁকে-বেঁকে চলে। কিন্তু, বাঘ আর বেড়ালের চাল-চোল অনেকটা একরকমের— কথায় বলে বাঘের মাসি বেড়াল। লম্বা মানুষ যখন লম্বা-লম্বা পা ফেলে চলে তখন বকের মতো দেখায়; আবার মোটা মানুষ চলে থপ্ থপ্ করে হাতির মতো পদভরে মেদিনী কাঁপিয়ে।

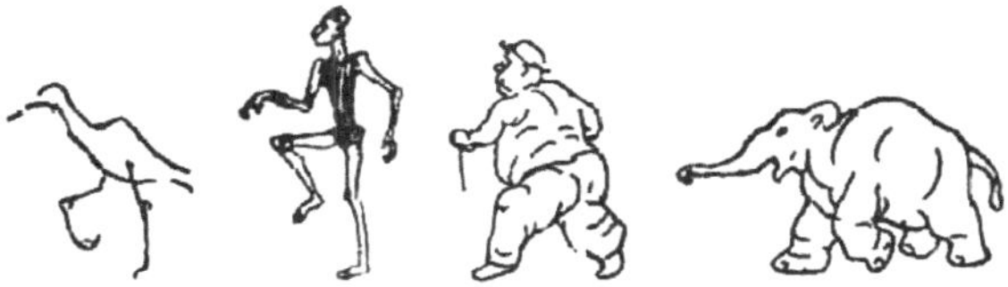

একজনের শোবার ঢঙ, বসবার ঢঙ, কথা বলার ঢঙ, কেমন একরকমের থাকে। যেমন, ভদ্রলোকের চাল-চোলের ঢঙ, ছোটোলোকের ঢঙের সঙ্গে তফাত। তেমনি সাহেবি ঢঙ, বাঙালি ঢঙ, নানা ঢঙ আছে নানা দেশের

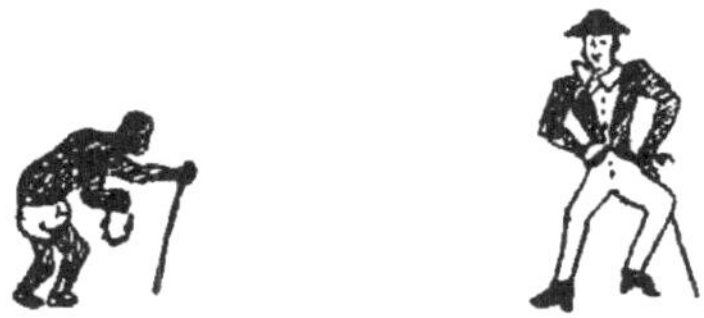

মানুষের চলা-বলার মধ্যে, যা দেখলে বোঝা যায় কে কী। এমনি ছিল পাড়াগেঁয়ে, শহরে এসে সাজসজ্জা ভাবভঙ্গি বদলে নতুন ঢঙ দেখিয়ে চলল মানুষটা। উপরের ছবিতে দেখো— ঢঙ ছিল ভেতো বাঙালির, বিলেতে গিয়ে হয়ে এল একেবারে জাহাজী গোরা।

একই রেখা নানা ভঙ্গি পেয়ে নানা ভাব বোঝাচ্ছে। নত ভঙ্গি, যেমন ঘাস নুয়ে পড়ল।

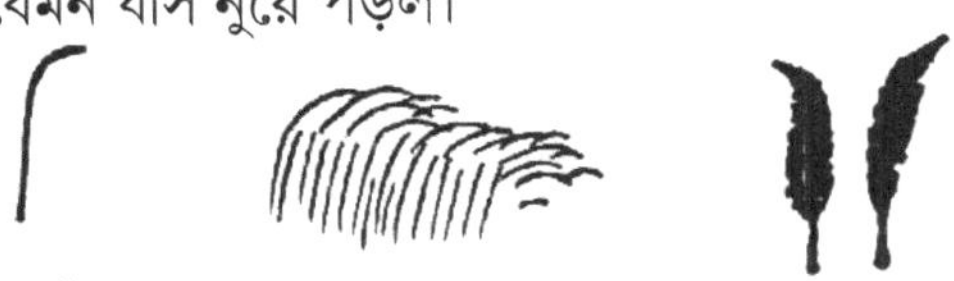

আনত ভঙ্গি, যেমন ধানের শিষ হাওয়ায় দুলল, ঝাউগাছের ডাল এপাশে ওপাশে হেলল।

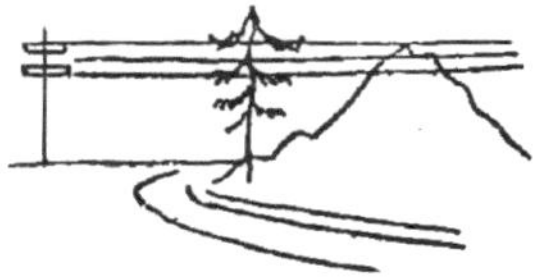

উন্নত ভঙ্গি, যেমন টেলিগ্রাফ পোস্ট, যেমন দেবদারু গাছ— সোজা খাড়া রইল, হেলল না, দুলল না।

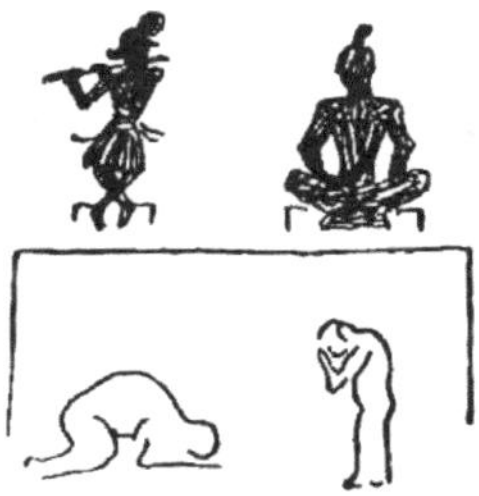

কেষ্ট ঠাকুর আছেন ত্রিভঙ্গ হয়ে।
শিব ঠাকুর আছেন সোজা ধ্যানে
বসে। মানুষ কেউ দাঁড়িয়ে আছে।
কেউ নমস্কার করছে। কেউ
প্রণাম করছে।

ইতি চতুর্থ প্রকরণ

পঞ্চম প্রকরণ

চিত্রে রঙ ঢঙ

পাহাড়ের ঢঙ হল, মেঘের ঢঙ হল। কিন্তু, রঙ নেই। বোঝা গেল না, পাহাড়-দেশে দিন হয়েছে না রাত। বোঝা গেল না, মেঘ উঠেছে বর্ষার না শরতের। এই মেঘে, এই পাহাড়ে, এই আকাশে যদি রঙ ধরাই নানাপ্রকার—

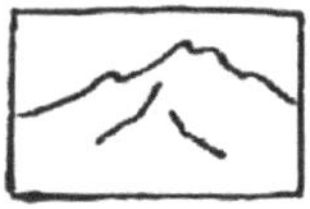 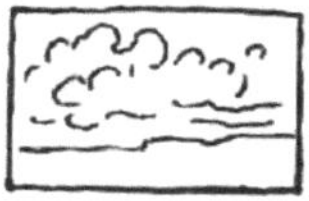 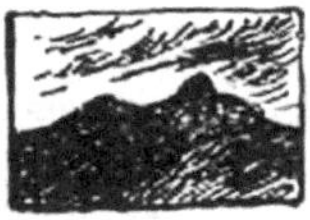

তখন দেখলেম, মেঘ করে আসছে সকালে কি সন্ধ্যায়। বোঝা গেল স্পষ্ট করে, রঙ দিয়ে— কালটা বর্ষা না শরৎ না শীত না বসন্ত না গ্রীষ্ম।

মানুষটা সুন্দর না কালো শুধু মানুষের ঢঙ থেকেই বোঝা

গেল না— রঙ দেখে বোঝা গেল, মানুষটি সুন্দর নয়, কালো; কালো নয়, শ্যাম্‌লা; শ্যাম নয়, কাঁচা সোনার পুতুল।

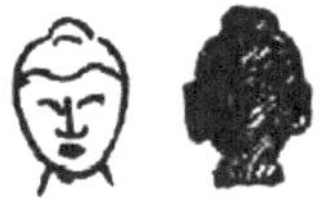

কালো কালির অক্ষরে লিখলেম সবুজ মাঠ, নীল আকাশ। কিন্তু, কেমন সবুজ, কেমন নীল, তা বোঝাতে হলে লিখতে হল— কাজলের মতো নীল, কিম্বা নীলকান্ত মণির মতো নীল আকাশ; টিয়া পাখির ডানার মতো সবুজ, কিম্বা আর-কিছু উপমা দিয়ে বোঝাতে হল কেমন সবুজ তা।

ছবি লেখার বেলাতেও তেমনি। নীল রঙ হল আকাশের জন্যে, সবুজ রঙ হল মাঠের জন্যে; কিন্তু, রঙের বাক্সের সবুজ তো একটা কি দুটো, নীলও বড়ো বেশি তো নেই; নীল বড়ি একটা-দুটো এই দিয়ে তো সকাল-সন্ধে আকাশে মাঠে যে বিচিত্র রঙ লাগছে তা দেখানো গেল না। রঙ মেশাতে হল, তৈরি করে নিতে হল হাল্কা-ফিকে, গাঢ় বা ঘন— নানা টোন বা রঙের হিসেব ধরতে হল। লালে সাদায় মিশিয়ে হল গোলাপি, নীলে সাদায় মিশিয়ে হল ফিকে রঙ যেমন, তেমনি লালে কালোয়,

নীলে কালোয় মিলিয়ে হল গাঢ় রঙ।

এমনি এক রঙে অন্য রঙে মিশে সম্পূর্ণ একটা আলাদা রঙ হয়ে দাঁড়ালো যেমন নীলে হলুদে মিশে হল সবুজ, লালে নীলে মিশে হল বেগুনি।

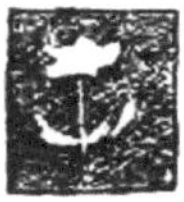

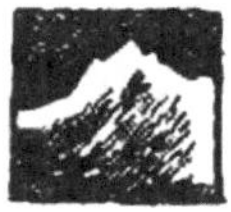

রঙের পাশে, রঙের বুকে, রঙ ধরলে আর এক শোভা। সাদার পাশে কালো, মেঘের কোলে বিদ্যুৎ, সবুজ পাতার উপরে রঙিন ফুল— দেখতেই বাহার।

সব জিনিসের ছোটো বড়ো মাঝারি যেমন মাপ আছে, তেমনি রঙেরও গাঢ় ফিকে মাঝারি পরিমাণ আছে। এ ছাড়া নিজস্ব রঙ যেমন ফুলের লাল, আবার তার উপরে আকাশের দেওয়া রোদের রঙ, মেঘের রঙ, এও আছে।

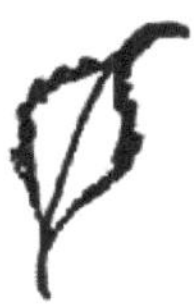

পাতা সবুজ কিন্তু আলো পড়ে সকালে দেখাচ্ছে লাল্‌চে সবুজ। নিজের রঙ আর অন্যের দেওয়া রঙের আভা, এই নিয়ে ফুটেছে চারি দিকে ফুল

পাতা সবই। জলের রঙ স্ফটিক, কিন্তু তাতে আকাশের আভা পড়ে দেখাচ্ছে নীলাভা।

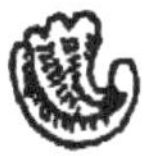

সমুদ্রের ঝিনুক, দুধ খাবার ঝিনুক দুটোর শুধু ঢঙটুকু লিখে বোঝানো গেল না তাদের রঙ কেমন সুন্দর।

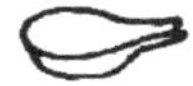

তেমনি প্রজাপতি পাখি ফুল যা-কিছু দেখছি সবারই রঙ না দিলে চলে না। কাঁচ-পোকায় কুমীর-পোকায় রঙের কী তফাত, তা শুধু পতঙ্গের ঢঙটি দেখে তো বোঝা যায় না।

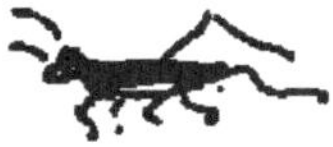

শরতের আকাশের নীল, গ্রীষ্মের আকাশের নীল, দুই নীলে কত তফাত, রঙ না দিলে কে বুঝবে বলো। যেমন সাত সুর তেমনি সাত রঙ। 'মা' কথা একটা ছাগল-ছানা বললে সে এক সুর, আর 'মা' ব'লে কচি ছেলে কাঁদলে সে এক সুর। এমনি নানা সুরে যেমন একই কথা বললে ভিন্ন ভিন্ন ভাব দেয়, তেমনি একই বস্তু নানা রঙে লিখলে নানা ভাব জানায়।

এই একটা খুরি। এটায় মেটে রঙ দিলে বুঝি মাটির খুরি, কাঠের রঙ দিলে বুঝি কাঠের বাটি, কাঁচের রঙ দিলে বুঝি প্লেট, সোনার রঙ দিলে বুঝি সোনার বাটি, পাথরের রঙ দিলে বুঝি পাথর-বাটি।

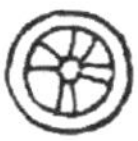

এই একটা চাকা। এটা কাঠের না লোহার, রঙ দিলে তবে বোঝা যায়। এমনি গায়ের কাপড় সুতোর কি রেশমের, না পাটের, না মখমলের, তা বোঝা যায় না শুধু ঢঙ থেকে— রঙ চাই।

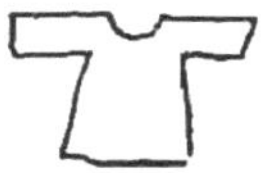

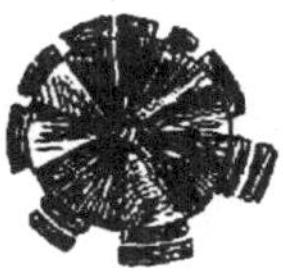

কতকগুলি রঙ আছে, রূপকে আলো করে; কতকগুলি রঙ আছে, রূপকে কালো করে।

শরতের সকাল সোনার আলোয় আলো-করা রঙ সমস্ত দিয়ে ভরা। বর্ষার সকাল নীল কাজল কালো-করা ছায়া-করা সমস্ত রঙ দিয়ে ভর্তি। সূর্যোদয় যত-কিছু তেজ-রঙ তাই দিয়ে লিখতে হয়। সূর্যাস্তে সেও লাল নীল কত রঙ;

কিন্তু নিস্তেজ তার আভা, ঘুমের রঙ লেগেছে তখন আকাশে।

রঙ যেমন-তেমন করে মাখালে মানুষকে সঙ দেখায়। হোলির দিনে লাল নীল মেখে মানুষগুলো সঙ সাজে। আবার যদি রঙ বেশ বুঝে-সুঝে মাখা যায় তবে মানুষকে সুন্দর দেখায়। বর সাজে, কনে সাজে লোকে— কত রঙ গায়ে পরে, মুখেও মাখে, কিন্তু সাজে কি তাতে সবার রূপ। কোন্ রঙের পাশে কোন্ রঙ মানায় বুঝতে হয়, রঙ করে করে শিখতে হয়; বই পড়ে শেখা হয় না।

রঙ-বাক্সোয় যে-সব রঙ থাকে তার প্রায় সবগুলোই মাটি থেকে তৈরি। এলা মাটি, খড়ি মাটি, গেরি মাটি, এমনি নানা রঙের বড়ি দিয়ে ভতি থাকে রঙের বাক্সো। সেই-সব মেটে রঙ দিয়ে আঁকতে হয় ঝক্ঝকে কাঁচের বাসন, জ্বল্জ্বলে আগুনের শিখা, মিট্মিটে পিদুম, ঘুট্ঘুটে অন্ধকার, ফুট্ফুটে চাঁদনি। রঙ দেবার কায়দা না জানা হলে, অভ্যাস না থাকলে, শুধু বাক্সোর রঙ দিয়ে এ-সব দেখানো চলে না। পদ্মের সাদা, বকের পালকের সাদা, মেঘের সাদা তিনরকম; কিন্তু, একটি সাদা রঙ রয়েছে বাক্সোয়। গোলাপ-ফুলের লাল, আর গোলাপি

আকাশের লাল, এর জন্য দুটো লাল বাক্সোয় নেই। রঙ মেশাবার আর মাখাবার কায়দায় ছবিতে দুটো রঙ দেখা দেয়। এমনি, কালো কাকের গায়ের, আর কালো কালো পাথরের, এর জন্যে দুটো আলাদা কালো রঙ বাক্সোয় থাকে না। লাগাবার কৌশলে আর রঙ মেলাবার কৌশলে এ-সব ভিন্নতা দেখা দেয়। মাটির রঙ, তাই দিয়ে আঁকতে হয় কাকচক্ষু স্ফটিক জল, এ কি কম কথা হল! ধুলো-মুঠোকে সোনা-মুঠো করে দেওয়ার চেয়ে এ অতি আশ্চর্য ব্যাপার।

ইতি পঞ্চম প্রকরণ

ষষ্ঠ প্রকরণ

আলো-আঁধারের লুকোচুরি

আলোর সাথী অন্ধকার, অন্ধকারের সাথী আলো। দিনের পিছুপিছু রাত আসে, রাতের পিছু আসে দিন। অন্ধকারের বাসা হল দিনের বেলায় টেবিলের তলায়, দেরাজের মধ্যে, জান্‌লা-বন্ধ-করা শোবার ঘরে, এমনি নানা স্থানে। রাতের বেলায় আলো থাকে পিদুমের আগায়, তারার কোলে, চাঁদের বুকে। আলো-অন্ধকার দুজনের কেউ ঘুমিয়ে থাকে না, জেগেই থাকে দিনরাত।

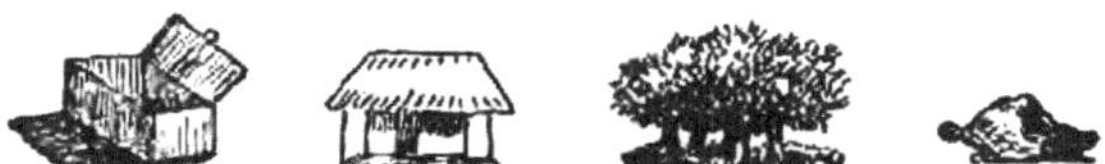

ঘরের চালে যখন আলো, চালের তলায় তখন অন্ধকার।

বাক্সোর উপরে পড়ল আলো, বাক্সোর মধ্যে রইল অন্ধকার। গাছের আগায় উড়ে বসল আলো; গাছের তলায় লুটিয়ে পড়ল অন্ধকার। পাতার ফাঁকে ফাঁকে আলো-অন্ধকার পাশাপাশি রইল। কাছিম রোদ পোহাতে বসল, পিঠে পড়ল তার আলো, পেটের তলায় গড়িয়ে গেল অন্ধকার।

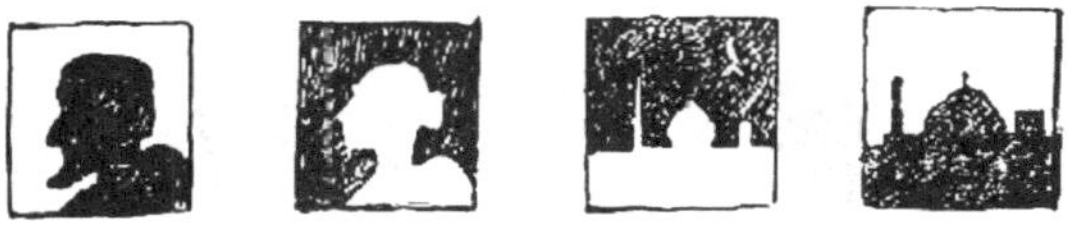

অন্ধকারের উপরে আলো, সে এক বাহার। আলোর উপরে অন্ধকার, সে আর-এক শোভা।

অন্ধকারের ভাব গম্ভীর, আলোর ভাব প্রফুল্ল। তারা চাঁদ এরা অন্ধকারে ফোটে, আলোয় লুকোয়। বড়ো আলো ছোটো আলোকে হারিয়ে দেয়। বড়ো অন্ধকার এতটুকু আলোকে ফুটিয়ে তোলে। বড়ো আলোতে একটু অন্ধকার গভীর হয়ে দেখা দেয়। যেখানে আলো বেশি সেইখানেই বেশি অন্ধকার দেখতে পাওয়া যায়।

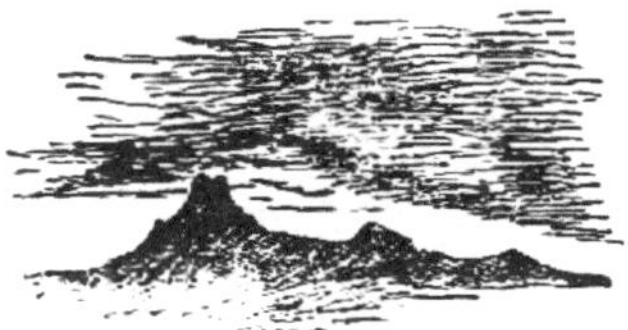

আলোর বুকে পাহাড় ঘন কালো হয়ে ওঠে। আলো কালো দুজনে দুজনকে ফোটায়। অন্ধকারে বিদ্যুৎ যেমন, চাঁদের উপরে কালো মেঘ যেমন, এই ভাবে মিলে মিশে থাকে আলো অন্ধকার। লুকোচুরি খেলে আঁধার আর আলো— জলে, স্থলে, আকাশে। বুড়ো মানুষের মুখে আলো অন্ধকার আনন্দে লুকোচুরি খেলে।

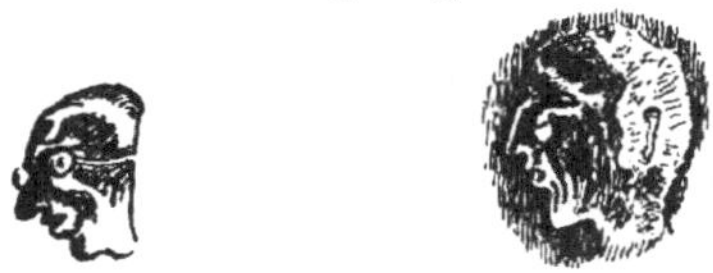

উঁচুনিচু জমিতে আলো অন্ধকার খেলে বেড়ায়। পর্বতে আলো-অন্ধকারের খেলা। সমুদ্রজলে আলো-অন্ধকারে হেলা-দোলা। সৃষ্টির জিনিসে আলো অন্ধকার আছে বসে সৃষ্টি জুড়ে।

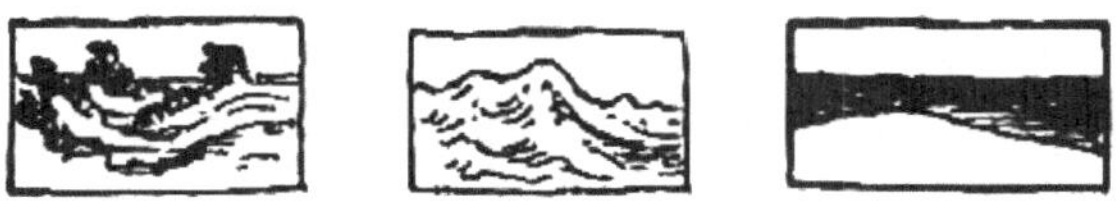

যারই গঠন আছে তারই গায়ে আলো অন্ধকার জড়িয়ে আছে। মেঘের গড়ন আছে, তাই তার এক দিক আলো, এক দিক কালো।

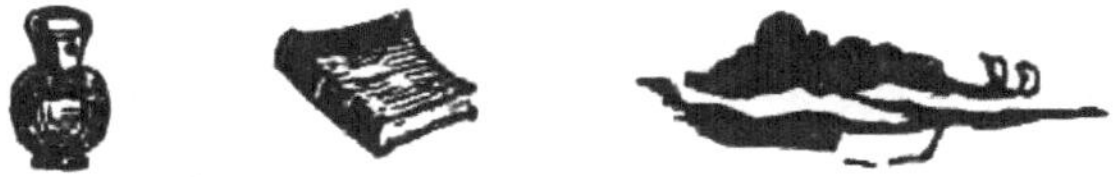

সব জিনিসই চেপ্টা দেখায় আলো অন্ধকার না হলে।

এটা চেপ্টা বাদামি— 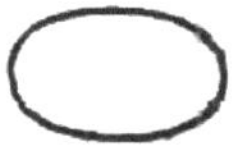

কিন্তু আলো-অন্ধকারে একে দেখায় একটা প্লেট কি ডিম কি একটা বাটি।

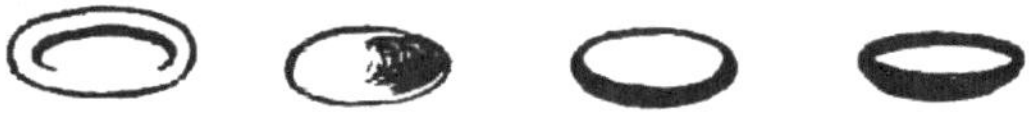

ছবিতে আলো অন্ধকার বোঝাই সাদা কালো দুই রঙ দিয়ে। কিন্তু, সৃষ্টিতে তো আলো সেও রঙিন, অন্ধকার সেও রঙিন। এই রঙিন আলো-অন্ধকারের টান-টোন গাঢ় কি ফিকে, ঘন কি পাৎলা, এই নিয়ে আমরা বুঝি— সকাল হল, রাত এল; রোদ উঠল, ছায়া পড়ল; বা আলো হল-হল, রাত এল-এল। রঙিন আলো, রঙিন অন্ধকার, রঙিন সাদা শরতের মেঘ, রঙিন কালো বাদলের মেঘ; রঙিন অন্ধকার রাতের নীলাম্বরী, রঙিন আলো দিনের বেলার শাড়ি। কাক কালো নয়, সে

রঙিন কালো। বক সাদা নয়, রঙিন সাদা। ফুলে ফলে পাতায়, জলে স্থলে আকাশে, রঙিন আলো-অন্ধকারের ছড়াছড়ি, লুকোচুরি। কালো সাদা বলে দুটো রঙ নেই রঙের বাক্সোতেও, তবু আমার টুনুদিদি বলেন, "বীরুর চুলগুলি কালো, দাঁতক'টি সাদা।"

ইতি ষষ্ঠ প্রকরণ

সমাপ্ত

9 789349 541832

Printed at Repro India Ltd.